अंतरशक्ति को पहचाने

भारती शर्मा

"यह मेरी पुस्तक में अपने माता - पिता तथा मेरी दादी मां, और मेरे सभी परिवार के सदस्यो को समर्पित करना चाहूंगी जिन्होंने मुझे जीवन में इस काबिल बनाया की में अपने जीवन में आगे बढ़ पाई और इस काबिल बन पाई की में अपने विचार आप सभी के सामने ला सकूं, जीवन में होने वाले सभी उतार चढ़ाव, और संघर्षों में मुझे हिम्मत देने वाले मेरे माता पिता और मेरी दादी मां से ही मुझे हमेशा जीवन में उम्मीद बनाए रखने की सीख मिली उसके लिए में सदैव सभी लोगो की सच्चे दिल से पूरे जीवन भर आभारी रहूंगी, तथा इसके साथ ही बहुत ही तहे दिल से धन्यवाद देना चाहूंगी अपने सभी शिक्षको, गुरुओं, मेरे जीवन प्रशिक्षक (lifecoach) तथा उन सभी पुस्तकों का जिनसे मेने अपने जीवन में इतना कुछ सीखा और अपने जीवन के वास्तविक अनुभवों में लागू किया, जिसके परिणामस्वरूप में इस पुस्तक को आप सभी के बीच ला पाई। इस पूरे यूनिवर्स को शुक्रिया मुझे अपने जीवन में इतना सबकुछ देने के लिए, अपने अंदर मौजूद असीमित ज्ञान व असीमित क्षमता से अवगत करवाने के लिए। शुक्रिया शुक्रिया शुक्रिया आप सभी का तहे दिल से शुक्रिया।"

क्रम-सूची

<u>*There is a Force in this Universe, Which if we permit, will Flow through us and produce Miraculous Results.- Mahatma Gandhi*</u>

पाठको के लिए संदेश

इस पुस्तक को पढ़ने वाले सभी पाठको को सबसे पहले मेरा सादर प्रणाम, और बहुत बहुत शुक्रिया इस पुस्तक का चुनाव अपने जीवन में बदलाव लानें के लिए करने के लिए। यह पुस्तक आपके जीवन में कई सारे बदलाव और और आपके जीवन को बदलने का एक नया जरिया साबित होगी, इस पुस्तक में बताई गए सभी बाते और तथ्य मेरे स्वयं के जीवन के सच्चे अनुभवों पर आधारित है, अगर आप भी अपने जीवन को बदलने की दिशा में कार्य कर रहे हैं तो यह पुस्तक आपके लिए एक बहुत बड़ी मदद साबित होगी।

में अपने सभी पाठको से निवेदन करना चाहुंगी कि इस पुस्तक में बताए गए सभी प्रयोग और सभी अनुभवों को अपने पूरे विश्वास के साथ अपने जीवन में भी लागू करे और अपना जीवन बदलने की दिशा में पूरे विश्वास के साथ आगे बढ़े, ये पूरा ब्रम्हमांड आपको आपका लक्ष्य पूरा करने में मदद करता चला जायेगा।

अपने आप को एक नए नजरिए से देखने के लिए तथा अपने अंदर मौजूद उस असीमित क्षमता का अनुभव करने के लिए इस सफर की शुरुआत करने के लिए क्या आप सभी तैयार है? तो आइए शुरुआत करते है इस खूबसूरत सी यात्रा को जिसमे आप अपने बारे में नए रहस्यों से वाकिफ होंगे और अपने आप को एक नए सिरे से और गहराई से पहचान पाएंगे। *- Bharti Sharma*

1

प्रस्तावना

क्या आप जानते है हम सभी मनुष्य इस ब्रह्माण्ड में एक अदृश्य ऊर्जा के साथ काम कर रहे है, हमारा भौतिक स्वरूप भले ही अलग अलग हो लेकिन हम सभी आपस में एक दूसरे से पूरी पूरी तरह से जुड़े हुए है। आप, मैं और कोई भी व्यक्ति जो इस धरती पर मौजूद है हम सभी एक उर्जा है, हम सभी उस उर्जा के कारण ही एक दूसरे से जुड़े हुए है, इस बात से कही पर भी कोई फर्क नही पड़ता की हम कहा रहते है, हम केसे रहते है, हम किस जाति या समुदाय से है, या आप इस समय कोनसे देश,शहर, या गांव, क्षेत्र में रह रहे है, इन सभी बातों से कोई फर्क नही पड़ता है अगर आप इस धरती पर रह रहे है तो आपका यह कर्तव्व बनता है की इस दुनिया में आने पर आप इस दुनिया में आने के अपने मकसद को पूरा करे।

हम सभी इस दुनिया में हमारे जीवन के किसी एक मकसद (उद्देश्य) को पूरा करने के लिए आए है,हमारी अंतरात्मा का,हमारे जीवन का एक विशेष उद्देश्य होता है जिसको पहचानना और पूरा करना ही हम सभी की मूल जिम्मेदारी होती है। यह उद्देश्य क्या है? इस पुस्तक के माध्यम से आप सभी यह जान पाएंगे की अपने जीवन के उस उद्देश्य को कैसे पूरा कर सकते है, कैसे हम अपने अंदर मौजूद आंतरिक

शक्ति की मदद से अपने जीवन को एक बेहतर जीवन में बदल सकते है। आगे आने वाले अध्यायों में आप इस अंतरशक्ति के बारे और अधिक विस्तार से जानेंगे।

2

अंतरशक्ति क्या है

अंतरशक्ति के बारे में जानने के बाद आप सभी के दिमाग में यह प्रश्न जरूर उठ रहा होगा की आखिर यह अंतरशक्ति है क्या? जिस अंतरशक्ति के बारे में यह पर बार बार बात की जा रही है, हम सभी उस शक्ति को जानना चाहते है तो चलिए जानते है की आखिर वो कौनसी ऐसी शक्ति है जो हमारा पूरा जीवन बदल सकती है, जिस शक्ति का प्रयोग करते हुए हम अपने जीवन में कुछ भी हासिल कर सकते है, कुछ भी बन सकते है या जीवन में किसी भी मुकाम को हासिल कर सकते है। यह अंतरशक्ति इतनी ताकतवर होती है की यह एक साधारण व्यक्ति से वह सभी चीजे अपने जीवन में करवा सकती है जो एक व्यक्ति कभी अपने जीवन में विश्वास कर ही नहीं सकता है की वह इतना कुछ हासिल कर सकता है।

आप सभी इस समय इस शक्ति के बारे में जरूर जानना चाहेंगे तो आप सभी ने इस शक्ति बारे में अब तक कई जगहों से सुना होगा, या कही पर पढ़ा भी होगा और या हो सकता है आपने इसे पहले कभी महसूस भी किया होगा, परंतु आप में से कई लोग ऐसे भी होगे जिन्हे इस शक्ति के बारे में कुछ नही पता होगा तो चलिए अब जानते है इस शक्ति के बारे में तो जिस शक्ति की यहां बात की जा रही है वह शक्ति है हमारे अवचेतन मन की शक्ति। (Subconscious Mind power)

आप लोगो ने कई बार अपने अवचेतन मन की शक्ति के बारे में कही ना कही तो जरूर सुना या पढ़ा होगा, कुछ लोग ऐसे भी होंगे जिन्होंने इस शक्ति को और इससे होने वाले चमत्कारों को महसूस भी किया होगा या फिर कुछ लोग ऐसे होंगे जिन्होंने इस शक्ति के बारे में सुनकर या पढ़कर कुछ समय अपने जीवन में लागू भी किया होगा परंतु कुछ समय के बाद अपने जीवन में व्यस्तता के चलते इसे भूल गए हो,या हो सकता हैं की कुछ समय विश्वास करने के बाद आपको यह लगने लगा हो की यह शक्ति कोई काम नही करती है और फिर आपने इसका उपयोग करना छोड़ दिया हो, आप में से कुछ लोग ऐसे भी हो सकते है जिन्होने इस शक्ति से अपने जीवन में कई बार कई सकारात्मक अनुभव किए होगे परंतु निरंतरता की कमी के चलते धीरे धीरे आपका इस परम शक्ति की ओर से ध्यान हटता चला गया हो, परंतु हम सभी अपने जीवन में यही गलती कई बार दोहराते जाते है, की हम अपने उद्देश्य को पूरा करने के लिए निरंतर प्रयास नहीं कर पाते है, आपने वह कहावत सुनी होगी, "Consistany is the key to success"परंतु हम सभी यह नही कर पाते है।

इसके लिए सभी के अपनी अपनी कुछ अलग अलग वजह हो सकती है, जैसे की रोज की व्यस्त दिनचर्या के चलते समय नही मिल पाना परन्तु फिर भी यही कहना उचित होगा की यदि हमे हमारे अवचेतन मन की शक्तियों को जाग्रत करना है तो हमे इसे हासिल करने के लिए निरंतर अभ्यास करना ही होगा, जब आप एक बार निरंतर अभ्यास से इस शक्ति को जाग्रत करने में सफल हो जायेंगे तो आप अपने जीवन में अकल्पनीय चमत्कारी परिवर्तन होता देखेंगे,आप अपने जीवन के सभी कार्यों में सफलता हासिल करते हुए अपने जीवन को अपने अनुसार बेहद खूबसूरत बना सकेंगे।

3

अंतरशक्ति को कैसे जाग्रत करे

अब आप यह तो यह तो जान चुके है की यह अंतरशक्ति है क्या, परंतु इसी के साथ हमारा यह जानना भी बहुत जरूरी है की अंतरशक्ति को जाग्रत केसे किया जाएं, आप सभी लोगो के मन में अभी यह सवाल उठ रहा होगा की आखिर इस अंतरशक्ति को अपने जीवन में केसे प्रयोग में लाए, और इसका प्रयोग करते हुए किस प्रकार से अपने जीवन को अपनी आशाओं के अनुरूप बनाए। तो सर्वप्रथम हमे यह जानना जरूरी होगा की हमारे मस्तिष्क के मुख्य रूप से दो भाग होते है, हमारा चेतन मन और हमारा अवचेतन मन। चेतन मन जिससे हम सभी सोचते है, समझते है, तर्क वितर्क करते है, जिससे की हम अपने जीवन में होने वाली हर चीज का मतलब समझ पाते है, यह सभी काम हमारा चेतन मन करता है, परंतु इसके अलावा हमारा अवचेतन मन भी हमारे ब्रेन का एक हिस्सा होता है जिसको की hidden brain भी कहा जाता है,जो हमारे जीवन को कंट्रोल करता है, हमारी आदतों को बनाता है, हमारे मस्तिष्क का 95% हिस्सा हमारा अवचेतन मन ही होता है।

अवचेतन मन की शक्तियां असीमित है, हमारा पूरा जीवन हमारी दिनचर्या, हमारी आदतें, हमारे पुराने विश्वास,हमारी भावनाएं,हमारे सभी तरह के सकारात्मक और नकारात्मक विचार आपका मूड,आपका comfort zone सभी हमारा अवचेतन मन ही कंट्रोल करता है। इसीलिए यह कहना गलत नही होगा की हमे अपने जीवन को बदलना है तो पहले अपने अवचेतन मन को समझ कर अवचेतन मन को बदलना होगा, अब आप सभी यह जानना चाहेंगे की अवचेतन मन की शक्तियों को जाग्रत करने के लिए हमे क्या करना होगा । अवचेतन मन की शक्ति को जाग्रत करने के लिए हमे हमारे अवचेतन मन को रिप्रोग्राम करना होगा और अवचेतन मन की को उस तरह से प्रोग्राम करना होगा जैसा हम अपने जीवन को बनना चाहते है।

वैसे तो हमारे अवचेतन मन को जाग्रत करने के कई सारे तरीके होते है परंतु इन सभी तरीको में से बहुत ही प्रभावकारी तरीका इस पुस्तक के माध्यम से आप सभी लोगो के साथ साझा किया जा रहा है। हमारा अवचेतन मन सबसे अधिक पावरफुल उस समय होता है जब हम सुबह सोकर उठते है, ऐसा इसलिए होता है क्युकी उस समय हमारा अवचेतन मन पूरी तरह से एक्टिव होता है, और हम जो भी विचार उस समय में अपने अवचेतन मन को देते है, हमारा अवचेतन मन उसको स्वीकार करके उसी के अनुरूप प्रतिक्रिया करना शुरू कर देता है।

हमे अपने अवचेतन मन को प्रोग्राम करने के लिए किसी निश्चित समय की आवश्याकता नहीं होती है, परंतु यदि हम कोई ऐसा समय चुने जिस समय हम अपने दैनिक जीवन की भाग दौड़ से दूर हो तथा हमारा मन पूरी तरह से शांत हो तब हम अपने अवचेतन मन को बहुत ही अच्छे से रिप्रोग्राम कर सकते है, सबसे अनुकूल समय अवचेतन मन को पावरफुल बनने का जिसका वर्णन शास्त्रों में भी किया गया है वह है ब्रह्म मुहूर्त। आप आगे आने वाले अध्याय में ब्रह्म मुहूर्त के बारे में और अधिक विस्तार से जानेंगे, ब्रह्म मुहूर्त क्या है, इस विशेष समय में अपने अवचेतन मन को रिप्रोग्राम करके हम सभी अपने जीवन को किस प्रकार बदल सकते है इसका वर्णन आगे आने वाले अध्याय में विस्तार से बताया गया है।

4

अंतरशक्ति को कैसे पहचाने

हमारे अब तक के सफर में आप लोगो ने जाना की हम सभी के भीतर एक शक्ति मौजूद है, जिसकी सहायता से हम अपने जीवन को पुरी तरह से चमत्कारिक ढंग से बदल सकते है। लेकिन आप में से कुछ लोगो के मन में अभी यह प्रश्न जरूर उठ रहा होगा की आखिर इस अंतरशक्ति को पहचाना कैसे जाए,किस तरह से हम अपने जीवन में दैनिक कार्यों में अपने अंदर मौजूद अंतरशक्ति को महसूस करके,उसकी पहचान करके अपने जीवन में प्रयोग करे।

अंतरशक्ति को पहचाने जाने से पहले हमें यह जानना जरूरी होगा की पिछले अध्याय में आपने ब्रह्म मुहूर्त के बारे में जाना था, ब्रह्म मुहूर्त वह समय होता है जो सूर्योदय से ठीक 1 घंटा व 30 मिनट पहले का समय होता है। यह एक ऐसा समय होता है जब यूनिवर्स में recreation (पुनर्रचना) हो रही होती है, इस समय हमारी वाइब्रेशन बहुत उच्च स्तर पर होती है, क्युकी इस समय में वातावरण में किसी भी तरह की कोई नकारात्मक ऊर्जा नहीं होती है।यह समय हमारे शास्त्रों में भी पूरे दिन का सबसे पवित्र समय माना गया है। यह समय ऐसा होता है जिस समय

हमारा अवचेतन मन पूरी तरह से सक्रिय होता है और इस समय में हम अपने मन मस्तिष्क में जो भी इच्छा या विचार रखते है, हमारा अवचेतन मन उसी के अनुरूप परिणाम हमारे जीवन लाना शुरू कर देता है।

आप सभी इस समय यह जानना चाहेंगे की हमे यह केसे पता चलेगा की हम अपनी अंतरशक्ति के अनुरूप ही कार्य कर रहे है, तो इस अंतरशक्ति को हम इस तरह से पहचान सकते है की जब हम सुबह ब्रह्म मुहूर्त में जागते है, अथवा एक ऐसा समय जब वातावरण पूरी तरह से शांत रहता है तब हमारे सुबह जागने के बाद हमारा अवचेतन मन पूरी तरह से सक्रिय रहता है उस समय में जागने के बाद हम अपने मस्तिष्क में अगर सही विचार,सही भावना लाते है तो हमारा मस्तिष्क उसी के अनुरूप हमे पूरे दिनभर परिणाम देता रहता है।

जब हम अपनी किसी इच्छा, अपने किसी सपने,अपने किसी लक्ष्य से संबधित विचारो को इस समय में अपने अवचेतन मन में रखते है तो हमारा अवचेतन मन पूरे दिन भर हमे अपनी इच्छा पूरी करने से सबंधित संकेत देने लगता है। हमे पूरे दिन भर एक अदृश्य ऊर्जा मिलने लगती है,एक ऐसी ऊर्जा जो हमारे लक्ष्य या हमारी इच्छा को पूरा करने के लिए हमारा मार्गदर्शन करती है।हमारे सपनों को पूरा करने के लिए धीरे धीरे हमे हमारे अंदर से मार्गदर्शन,अंतःप्रेरणा मिलने लगती है।

हमारे मस्तिष्क में काफी समय से चल रही दुविधा समाप्त होने लगती है। हमे अपनी समस्याओं के हल अपने आप ही मिलने लगते है,अथवा किसी न किसी माध्यम से हमे अपनी समस्याओं के समाधान एक एक करके हमारे सामने आने लगते है,हमे बस उसे पहचान कर उस पर अमल करने की जरूरत होती है और धीरे धीरे हम अपनी इच्छा को, अपने लक्ष्य को पूरा कर लेते है, हर समय एक अदृश्य ऊर्जा हमारे साथ काम कर रही होती है और हर एक कदम पर हमारा मार्गदर्शन कर रही होती है उस पर अमल करके हम एक सुखमय जीवन की ओर अग्रसर होने लगते है। यही वह अंतरशक्ति होती है जिससे हम अपना पूरा जीवन बदल सकते है।

5

अंतरशक्ति से जीवन में बदलाव

हम सभी अपने जीवन में कही ना कही किसी चीज में कभी न कभी बदलाव चाहते है। परंतु यह बदलाव तब और अधिक आवश्यक हो जाता है जब हमारे जीवन में कुछ सही नही हो रहा होता है। जब हमारे जीवन में चुनौतियां और संघर्ष बहुत अधिक हो जाते है तथा हमे खुद यह समझ नही आ रहा होता है की हमारा जीवन सही दिशा की ओर जा रहा है या नही, अथवा जब हम अपने जीवन में मार्गदर्शन चाहते है और इन सभी परिस्तिथियो में हम अपने जीवन में एक बड़ा बदलाव चाहते है।

इस समय में इस बदलाव को जीवन में लाने के लिए यह आंतरिक शक्ति हमारी मदद करती है। जब हम अपने जीवन में इस आंतरिक शक्ति को जाग्रत कर लेते है तो इसके परिणामस्वरूप हमारे जीवन में कई सकारात्मक परिणाम आने लगते है। हम अपने जीवन के जिस क्षेत्र में जो भी हासिल करना चाहते है वह सबकुछ धीरे धीरे हमारी आशाओं के अनुरूप पूरा होने लगता है, चाहे वो जीवन के किसी भी क्षेत्र से संबधित क्यू ना हो।

जैसे की हम अपने संबंधो में बदलाव लाना चाहते है तो हम देखेंगे की हम अपने ही अंदर मौजूद इस अवचेतन मन की आंतरिकशक्ति का प्रयोग करते हुए जब हम इस दिशा में सकारात्मक कदम उठाते है तो हमारे संबध पहले की तुलना में काफी अधिक मधुर होने लगते है, जब हम अपनी नौकरी,व्यवसाय, में किसी भी तरह की कोई चुनौती का सामना कर रहे होते है परंतु जब हम अपने मन की इस सकारात्मक शक्ति का प्रयोग करने लगते है तो हमे अपने कामकाज,व्यवसाय,अथवा नोकरी में हर तरह से सकारात्मक परिणाम मिलने लगते है।

आप इस शक्ति का प्रयोग जीवन में मौजूद हर चीज के लिए कर सकते है, चाहे आप अपनी खोई हुई वस्तु को पुनः पाना चाहते हो अथवा कोई ऐसी चीज जिसे पाना आपके लिए सिर्फ एक कल्पना हो, या आपके और आपके आस पास मौजूद लोगो को उस चीज को पाना असम्भव प्रतीत होता हो परंतु हम उन सभी चीजों को पा सकते है और जीवन में सकारात्मक बदलाव ला कर अपने जीवन को खूबसूरत बना सकते है।

6

अंतरशक्ति को पहचाने की आवश्यकता

हमारे अब तक के सफर में आप अपने अंदर मौजूद अंतरशक्ति के बारे में बहुत कुछ जान चुके है।लेकिन हम में से कई लोग अभी भी इस चमत्कारिक आंतरिक शक्ति को पहचान नही पाते है।

आज तक हमारे जीवन में होने वाले सभी सुखद और दुखद अनुभवों को हमने ही अपने जीवन में आकर्षित किया है और हमारे अंदर मौजूद इस आंतरिक शक्ति की मदद से हम अपने अनुभवों को और परिस्थितियों को बदल सकते है। हम अपनी दैनिक दिनचर्या में कुछ आवश्यक परिवर्तन करके अपने अवचेतन मन को सही सुझावो, सही विचारो से भर कर अपने अंदर मौजूद इस आंतरिक शक्ति को जाग्रत कर सकते है।

हम अपने जीवन में चल रहे सभी तरह के संघर्षों को खत्म कर सकते है,चाहे वे संघर्ष हमारे जीवन के किसी भी क्षेत्र से संबंधित क्यू ना हो।

हम सभी के अंदर मौजूद इस अंतरशक्ति से हम जीवन में वह सब कुछ हासिल कर सकते है जिसे हम शायद कभी अपनी कल्पना में भी नही सोच सकते है। हम अपने जीवन को बेहद खुबसूरत बना सकते है। अपने जीवन के सुखद अनुभवों का आनंद लेते हुए एक खुशहाल ओर सकारात्मक जीवन व्यतीत कर सकते है।

7

उपसंहार

हमारे अंतरशक्ति को जानने के इस सफर में अब तक हम अंतरशक्ति के बारे में सब कुछ जान चुके है।हमने यह जाना की कैसे प्रत्येक व्यक्ति अपने अंदर मौजूद आंतरिक शक्तियों का प्रयोग करके अपने पूरे जीवन को बदल सकता है।

हम सभी लोग इस बात से, अनजान होते है की हमारे अपने अंदर वह ताकत है जो हमारी जिंदगी को बदल सकती है। इस बात से कोई भी फर्क नही पड़ता है की इस समय आप अपने जीवन में क्या कर रहे है, या कैसे अपना जीवन व्यतीत कर रहे है जो बात सबसे अधिक मायने रखती है वो यह की हम अपने ऊपर विश्वास रखे और अपने जीवन को बदलने का स्वयं प्रयास करे।

हम सभी लोग, प्रत्येक मनुष्य जो इस धरती पर रह रहा है हम सभी एक ही ऊर्जा से कार्य कर रहे है फिर क्यू हममें से कुछ मनुष्य अपने जीवन में सफल हो पाते है और कुछ हर समय संघर्ष करते हुए संघर्ष में ही अपना जीवन व्यतीत कर देते है।इसका कारण एक दम स्पष्ट है कि हर उन सफल लोगो ने अपने अंदर मौजूद शक्ति को पहचान कर उसके अनुरूप कार्य करने फैसला किया। सफल लोगो ने अपनी आंतरिक शक्तियों को पहचान करके अपनी ऊर्जा को बदल दिया और इसीलिए उनका जीवन भी धीरे धीरे उसी के अनुरूप बदलने लगा।

इस पुस्तक के माध्यम से आप सभी पाठको को भी यही सुझाव दिया जा रहा है की अपने अंदर मौजूद उस आंतरिक शक्ति को पहचान कर इसे प्रयोग में लाए और जीवन में बदलाव लाने की दिशा में प्रयासरत रहे और धीरे धीरे आपका जीवन भी बदलता चला जायेगा। आशा करते है की यह पुस्तक आपके जीवन को बेहतर बनाने की दिशा में कारगर साबित होगी तथा आप अपने जीवन में खुशहाल जीवन की ओर अग्रसर होंगे इसी मंगल कामना के साथ हम अपने इस सफर को यहां विराम देते है। इस सफर में अब तक बने रहने के लिए आपका सभी पाठको तहे दिल से धन्यवाद।

www.ingramcontent.com/pod-product-compliance
Lightning Source LLC
Chambersburg PA
CBHW051337160726
47995CB00004B/1115